강영환 시집

불무장등

책펴내업열린시

강영환 시집

불무장등

지은이/ 강영환
펴낸이/ 최명자
펴낸 곳/ 책펴냄열린시

부산광역시 중구 중앙동 3가 14-1
전화 051-464-8716
출판등록번호 제 02-01-256호
출판등록일 1991년 2월 4일

1판 1쇄 2005년 6월 15일 발행
ⓒ 강영환, 2005. Korea
값 6,000원

ISBN 89-87458-46-6 03810

저자와 협의하여 인지를 붙이지 않습니다
잘못된 책은 바꿔 드립니다

불무장등

지리산 지형도

- 국립축산기술연구소
- 운봉읍
- 바래봉
- 행정리
- 팔랑치
- 부운치
- 저수지
- 공안제
- 세동치
- 고리동
- 세걸산
- 내령리
- 산내면
- 정령치
- 부운리
- 명원 영원령
- 반복대 1433.4m
- 덕동리
- 운둥소 외운소
- 연하천대피소
- 명선봉 1586m
- 중봉
- 반야봉 1732m
- 고리봉
- 댕기소
- 뱀사골대피소
- 토끼봉 1534m
- 심원
- 대소골
- 삼도봉
- 노고단대피소
- 임걸령
- 화개재
- 노고단 1507m
- 돼지령
- 노무장등 1446m
- 피아골대피소
- 남매폭포
- 칠불사
- 문바우등 1198m
- 피아골
- 동곡봉 904.7m
- 목동
- 범왕
- 경제봉 912m
- 왕시리봉 1243m
- 연곡치
- 황장산 942.1
- 문수리
- 원령봉 749.6m
- 내서리
- 내농리
- 토지면
- 제군
- 연곡리
- 토지면
- 외곡리
- 삼진

지리산 지도

- 백운산 902.7m
- 함양군
- 금대산
- 휴천면
- 본서기
- 약수암
- 마천면
- 의탄
- 의탄리
- 벽송사
- 송전리
- 마천면
- 두지터
- 추성리
- 광점동
- 두류봉
- 덕전리
- 서낭당
- 칠선계곡
- 청왕
- 하봉
- 중봉
- 양정
- 삼정리
- 백무동
- 제석봉
- 천왕봉 1915m
- 지리산 자연휴양림
- 산터목대피소
- 동천문
- 칠선봉
- 영신봉
- 연하봉
- 법계사
- 소랑대피소
- 덕평봉 1521m
- 세석대피소
- 촛대봉
- 삼신봉
- 유암폭포
- 로타
- 제석평전
- 송바위
- 와룡폭포
- 법천폭포
- 깜바위
- 대
- 청
- 봉
- 아랫용소
- 대성리 의신
- 거림골
- 삼신봉 1284m
- 거림
- 나대리
- 대
- 묵계치
- 쇠눈바위 1264m
- 단천골
- 도깨비소
- 선유동계곡
- 상불재
- 삼성궁
- 신흥
- 화개면
- 청석동
- 청암면
- 쌍수대
- 등계리
- 목계
- 용강리
- 불일폭포
- 국립공원
- 동본소
- 쌍계사
- 하동군
- 성제봉 1115.5m
- 악양면

불무장등/목차

제 1 부 중산리-천왕봉-세석평전

나는 지리산을 간다 · 13
산 가운데에서 (중산리) · 14
자벌레도 산을 오른다 (천왕봉을 바라보며) · 15
유전하는 돌 (성모석상) · 16
한 (칼바위) · 18
하산길 (순두류) · 19
흔적 (문창대) · 20
황금보탑 (로타리 산장) · 21
노승 (법계사 3층석탑) · 22
그림자 무게 (천왕문) · 23
하늘 물 맛 (천왕샘) · 24
우뚝 선 사랑 (천왕봉) · 25
새로 시작한 사랑 (천왕봉 일출) · 26
하늘로 가는 문 (통천문) · 27
그리운 안개 (제석단) · 28
안부를 묻다 (장터목) · 29
못 생긴 돌 (연하선경) · 30
지리산 나비 (촛대봉) · 31
어둠을 넘어서 (세석고개) · 32
허기를 달래며 (세석산장에서) · 33
동자꽃 (세석평전) · 34

제 2 부 세석평전-노고단

민둥산 (영신봉) · 37
선녀에 빠지다 (칠선봉) · 38
폭설 속에서 (덕평봉) · 39
서늘한 물맛 (선비샘) · 40
태고의 슬픔 (벽소한월) · 41
볼쌍 사나운 꼴 (형제바위) · 42
신씨 (형제봉) · 43
떠도는 영혼 (연하천) · 44
나의 늑대 (삼각고지) · 45
부끄러운 처녀들 (총각샘) · 46
하늘 깊은 허기 (명선봉) · 47
지보초 (토끼봉) · 48
붉은 비 (화개재) · 49
날나리봉 (삼도봉) · 50
낯선 그리움 (노루목) · 51
비밀 (반야봉) · 52
그대 앞에 놓인 빈 술잔 (임걸령) · 53
햇살 그늘 (황호랑이 막터) · 54
누워서 하늘을 보다 (돼지평전) · 56
운해 속에서 (노고단) · 57
허리 굽은 햇살 (코재) · 58

제 3 부 남녘 계곡과 능선

산으로 가는 길 (농평) · 61
두견새 울다 (통꼭봉) · 62
시간의 언덕 (불무장등) · 63
서릿발 길 (피아골) · 64
빨갱이 (삼홍소) · 65
무거운 비 (직전단풍) · 66
숨죽인 햇살 (목통골) · 67
보리쌀 한 자루 (연동골) · 68
은자의 수염 (불일현폭) · 69
금낭화 (단천골) · 70
풀잎 (빗점골) · 71
깊은 겨울 (삼정동) · 72
바위 속의 얼굴 (대성동) · 73
격전지에서 (대성골) · 74
천국을 오르는 계단 (큰세개골) · 75
천길 벼랑 끝 (영신대) · 76
합궁수를 마시고 (음양수) · 77
신발 한 켤레 (선유동) · 78
산에서 띄우는 안부 (청학동) · 79
먼 그리움 (삼신봉) · 80
갇힌 물 (고운동) · 81

가시나무 (중봉골) · 82

제 4 부 동-북-서 지리산

정순덕 (안내원동) · 85
물소리가 깊어지거든 (유평골) · 86
침묵학교 (가랑잎 분교) · 87
눈부신 그늘 (조개골) · 88
그대 뒷소식 (치밭목 산장) · 89
달 따라 가는 길 (써레봉) · 90
산죽능선 (쑥밭재) · 91
왕가의 빈터 (왕등재) · 92
검푸른 숫기 (독바위 양지) · 93
은둔 (허공달골) · 94
마음에 닦은 터 (어름터) · 95
속 깊은 물 (국골) · 96
애장터 이슬 (국골) · 97
쓰다 만 연애편지 (추성동) · 98
뒷물소리 (용소) · 99
똥이 넉넉한 곳 (두지동) · 100
깊은 허기 (칠선골) · 101
고로쇠나무 (작은새골) · 102
하늘 길 (큰새골) · 103

불무장등/목차

폭포에 빠지다 (한신폭포) · 104
숲의 눈 (천령폭포) · 105
하늘 내리는 물 (내림폭포) · 106
늙은 솔 (와운동) · 107
산골 봄 (문수골) · 108
낡은 이정표 (질매재) · 109

후기 · 나는 지리산을 간다 · 110

제 1 부
중산리-천왕봉-세석평전

제석봉에서 바라본 천왕봉

나는 지리산을 간다
―서시

물구나무서고 돌아눕고 속을 뒤집어 봐도
몸을 떠나지 않는 산, 그 산에 가고 싶다
땀에 젖은 내 발자국이 있어서가 아니라
애인 같은 몸 능선이 누워서
서늘한 교태로 불러서가 아니라
그늘의 차가움이 뼈에 사무치는
깊고 깊은 계곡 그 깊이에 젖고
높고 높은 주능 말없이 흘러가는 그
마루금에 빠진 몸이 안달이 나 간다
앉아 있을 수도 누워있을 수도 없어
목을 죄는 넥타이 벗어 던지고
훌훌 빈손으로 가는 산은
문신으로 새겨진 태초의 그리움 아니면
피에 새긴 오늘의 굶주림이어서
지리산을 안고 지리산을 간다

산 가운데에서
—중산리

모든 길은 산으로 통한다
산이 만든 길을 따라 산으로 간다
산 가운데서 산은
산이라 이름하지 않고
홀로 솟은 山 앞에 山 곁에 山
뒤에 山 중중 山 첩첩 山
가서 山이 된 중산리
부를수록 푸른 입에 살고
낮아서 더욱 빛나는 집들
채색의 지붕이 산을 낯설게 하지만
산 위에서 하늘은 스스로 깊고
하늘 아래 산은 스스로 높다

자벌레도 산을 오른다
—천왕봉 바라보며

늙은 굴참나무가 중산리 골짝을 간다
삭아 내린 한쪽 다리를 절며
젊은 주목 우뚝 우뚝 서있는 산마루를 향해
그늘만 밟아가던 그때 빨치산처럼
언젠가 길 옆에 주저 앉을지라도
나무와 바위들 사이 굽어간 길을 따라
옷을 다 벗은 자벌레가
한 자(尺)씩 산을 재며 오른다
왜 깊은 산으로 드는지
내려 갈 길 힘들여 오르는지
자벌레가 뒤로 밀어내는 하늘만큼
산은 낮아지지 않고
가시나무 덩굴 숲 우거진 길에
앞서 간 사람의 흔적 찾을 길이 없다

유전하는 돌
―성모석상

나를 놓아다오 저 창공에
바람으로 또는 햇빛으로
돌의 사유는 자유로웠다
철창 두르고 자물통을 채운다고
내 무릎 앞에 서서 합장한다고
날아가지 못할 거라 믿는가
나는 본시 하늘에서 왔고
물에서 왔고
풀잎 끝 바람에서 왔느니

먼 길 돌아와 허리 구부러져 지친
노파라고 그저 한 개
유전하는 돌을 보듯 하지 말게
내 지나온 길에는
풀벌레도 잠들지 않고 노래해 주었고
바람도 속삭임으로 남아 주었다
상봉에서 내리는 빗물 소리까지
천수경을 외며 지켜 서 주었느니
내 쉴 곳은 어디 뫼 끝인가

* 중산리 천왕사에는 성모석상이 모셔져 있다. 성모상은 처음에는 상봉 옆 바위너설 아래 자리잡고 있었는데 민족의 영산 정상에 미신이 존재한다는 게 불쾌하다고 생각한 어느 종교의 교도들이 인부를 몰고 와 철거하고 발길질로 벼랑 아래로 굴러 떨어뜨려 버렸다. 목과 몸체가 떨어져 흩어지고 그러기를 몇 십 년 어느 곳에서도 찾을 수가 없던 성모상이 천왕사 부근 개울에서 발견되었다. 목과 몸뚱어리가 한 곳에서 그렇게 발견된 것이다. 이를 모셔와 앉혀 놓았으니 사람들이 구름처럼 몰려 와 참배하기 시작했다. 성모상이 어떻게 하여 이곳까지 왔는지는 불가사의하고 그리고 이곳에 자리하고부터는 절의 신도가 부지기수로 늘었다. 산악인들이 애초의 장소로 이전코자 하였으나 절에서는 성모상을 내주지 않는다. 행정 당국에서는 성모상을 관광상품화 하여 또 다른 성모상을 중산리에 세웠다.

한
―칼바위

타는 목을 어찌 할 수 없다
이슬눈물 맺혀 오는 운무를 쓴 채
쏟아지는 별빛에도 삭이지 못한 분을
잎 다 진 겨울 숲 속에서 머리들어
사무친 노을에 칼끝이 탄다
하늘 향해 서 있는 대낮
지나는 구름도 두 쪽을 내고
이끼 낀 세월을 베고 섰다
비바람도 옆으로 비켜 가느니
산에 목마른 날 베어다오 차라리
어둠속에 몸을 던지고 싶다 모르리라
알려고 하는 자 더욱 모르리라

* 칼바위에 얽힌 전설이 있다. 조선을 건국한 태조 이성계가 등극한 후 자신을 노리는 사람이 지리산 중턱의 큰 바위 밑에서 은거 중이라는 소문을 듣고 한 장수에게 그 자를 찾아서 목을 베어 오라고 명령한 바 그 장수가 지리산을 헤매다 장터목 계곡에 이르러 큰 바위 밑에서 공부하는 사람을 발견하고 칼로 치니 바위는 갈라져서 홈바위가 되고 칼날은 부러져 그곳으로부터 약 3km 정도 떨어진 곳에 꽂히면서 하늘을 향해 찌를 듯한 형상의 바위로 변하여 이름하여 칼바위라고 부른다는 것이었다. 칼바위는 중산리에서 천왕봉을 오르는 최단코스의 장터목 계곡 길과 법계사로 오르는 갈림길에 있다. 하산 길에 이를 만나면 그지없이 반가운 이정표로서 산악인의 사랑을 받기에 충분한 모습이다.

하산 길
― 순두류

잎 버린 노간주나무 가지 사이
낮바닥 말갛게 씻고 뜬 별이
해 맑은 눈으로 함께 가자 한다
어디인지 몰라도 가자 한다
발 밑 수렁만 피하지 말고
별도 가끔 올려다보면서
잊고 살았던 밤하늘 깊이도
피눈물로 들여다보라 한다

별빛 하나까지 동무 삼아
홀로 집에 가는 길
헛발 디디는 일이 잦을 때
후박나무 잎에 숨은 별이 무섭게 붉다

흔적
—문창대

골짜기에 들어 벗어 놓은
짚신과 지팡이가 화두에 빠져 있다
무엇을 남긴다는 말은 쓰러져
어제 떨어진 나뭇잎보다 더 아득하거니
숨 막히는 푸른 조망에 몸을 맡기면
터져나오는 절정의 오르가즘
누가 때 절어 티끌 소리를 세우려 하는가
후대에 새긴 글귀가 바람에 상한다
산을 오른 뒤에도 산이 남는 것처럼
나를 버리고도 또 버릴 것이 남는다

* 법계사에서 남으로 2백여 미터 지점에 있는 봉우리는 최치원 선생이 법계사에 머물 때 그 곳에서 자주 명상에 잠겼다하여 文昌臺로 불리워진다. 그곳은 넓은 반석이 있고 남쪽 큰 바위에는 孤雲 崔先生 林履之所 (고운 최선생이 지팡이와 짚신을 놓았던 곳)이라는 글귀가 선명하게 남아 있다. 영조 때 발간된 『진양지』 초간본 53장에 '법계사는 천왕봉에서 10리 떨어진 곳에 있어 기도를 드리러 오는 사람이 끊임없었다. 그곳에서 서쪽으로 수십 보 떨어진 곳에 문창대가 있어 고운이 노닐었다' 라고 적혀 있다.

황금보탑
—로타리 산장

겨울 지리산 로타리 산장 측간에는
사람이 수미산을 만든다
이듬해 6월이 와도 무너지지 않는 그것은
천왕봉을 닮아 누구도 범접 못한다지만
눈 똥 위에 겹으로 얼어붙은 그것은
한 번 씩 깨뜨려 주지 않는다면
사람의 뒤를 찔러 낭패 나게 하느니
산에서는 쌓이는 것도 죄가 된다
그러나 두드려 부셔도 무엇이 남을까
그대 떠난 빈터에는
형님 위에 눌러 앉은 아우
북 받히는 울분을 혼자 다스리지 못할 때
시간이 남긴 수미산이 무너진다

* 로타리 산장은 중산리에서 천왕봉 오르는 길 법계사 바로 아래에 있는 산장으로 사회 봉사단체인 로타리클럽에서 만들었다.

노승
―법계사 3층 석탑

꼬질꼬질한 노파가 해발 1600m까지 올라
바위에 앉아 한 숨 한번 내 뱉다
앞섶도 제대로 여미지 못하고
반석 위에서 해탈에 들었다
천지간에 충만한 기운을 끌어안은 채
순진무구한 표정이 마음을 끌어
밀어 보고 쓰다듬어 봐도 반응이 없다
키 작은 침략자에게 몇 번인가 절은
불 타 사라졌어도
허공 속으로 말을 달려가는 자 누구인가
범접 할 수 없는 기운을 치마로 두르고
고스란히 산 하나를 품어 가진 노파가
귀를 열어보니 세상은 아우성이다

*법계사는 신라 진흥왕 5년에 연기조사가 창건했으나 「법계사가 없어야 일본이 흥한다」는 전설 때문에 고려말 왜구가 들어와 태워 버렸고 그 뒤 경술년(1910년 한일합방)에 왜인들에 의해 그 잔해마저 소실되었다. 해방 전 초옥으로 재건된 법계사는 다시 여순 반란사건으로 불 탔고 1981년 법당이 새로 지어지기 전까지 삼층석탑과 초라한 집 한 채가 쇠퇴한 국운을 대변해 주고 있었다. 산신각 앞 큰 바위 위에 있는 조그만 삼층석탑은 보물 437호로 바위 윗부분을 평평하게 고른 뒤 기단으로 하여 석탑을 세운 특이한 형상이다.

그림자의 무게
—천왕문

법계사 금강계단은 너무 가팔라
오르기를 포기하고 돌아서 천왕봉 가는 길
헛발 자꾸만 내딛는 돌길 위에서
앞만 보고 걷는 일이 힘에 겨울 때
앞에는 개선문이 활짝 열렸다

속세를 버리고 든 산에서
돌부리에 무릎 부딪혀 피멍이 든다
고행은 물집 터진 발가락 쓰라림만 못할까
뒤에 남는 그림자 무게를 한 번쯤
저울질해 봐야 쓰는 높이에 이르렀다

마른땅에 뿌리내린 구상나무도
그 자리에 소금기둥으로 수 겁을 보낼 각오로
남긴 발자국의 깊이를 들여다 본다
지나가는 구름도 제 꼬리를 재며
개선문 앞에서 그림자를 내렸다

* 법계사에서 가파른 오르막을 힘들여 오르고 난 뒤 능선에 올라서면 순탄한 길을 오르게 된다. 그 순탄한 길이 끝날 때쯤 우뚝 솟은 바위 문설주가 있는데 이를 개선문 또는 천왕문이라고 부른다. 여기에서는 쉬어가지 않을 수 없다.

하늘 물 맛
―천왕샘

빌어먹을… 하고
입 속에 간직하고 살아 온 목마른 일 하나
하늘 샘물로 다독여 본다
그래도 다하지 못한 가슴이 남아서
발은 뜨겁게 지상을 딛는다
다가설수록 높은 샘은 무거워지고
가슴이 더워질수록 물은 하늘에 이른다
제기랄… 하면서
귀속에 숨겨두고 살아 온 욕먹은 일 하나
하늘 물맛에 깊이 빠져들면
마음은 머리끝까지 젖어서 일시에
우울한 몸이 무너져 내린다

---

* 천왕봉은 암봉으로 되어 있다. 개선문을 지나면서부터는 가파른 오르막이 펼쳐지고 천왕봉의 뿌리에는 작은 샘이 있는데 아무리 가물어도 마르지 않는다. 이 샘에는 기도를 드리는 사람들이 많이 모이는데 오른쪽 옆으로 평평한 곳이 있고 이곳에 천막을 치고 며칠씩 기도를 한다. 기도 효험이 있다하여 입시철이나 음력 정초에는 추위를 무릅쓴 기도자가 자주 눈에 띈다. 지리산 성모상이 하산하여 중산리에 있어도 지리산 천왕봉에 기대는 나약한 인간의 모습은 어쩔 수가 없다.

우뚝 선 사랑
—천왕봉

보았니 한 밤 중
지상에 내린 별들이 가만 가만
발끝으로 걸어가고 있는 산 끝
태극에 서 보았니

산이 돌고 물이 돌아
가슴속에 흘러가는 별 무리가
심장에 흐르는 피를 멈추게 하는 그때
산도 없고 나도 없는…

맑은 숨소리로 거울을 닦는 별을
가슴에 하나씩 품고
우주 가운데 서 보았니
이보다 더 눈물겨운 빛을 간직할 수 없는
우뚝 선 사랑을 보았니

---

* 천왕봉은 해발 1915m로 지리산의 상봉임. 바위로 되어 있으며 정상에는 표지석이 있는데 〈한국인의 기상 여기서 발원하다〉는 문구가 새겨져 있다. 반도 남한에서는 가장 높은 봉우리.

새로 시작한 사랑
—천왕봉 일출

그대 맨 처음 보았을 끝없는 눈雪빛 너머
이른 먼동이 터 올 때
구름평선을 뚫고 솟는 붉은 혁명
그러나 기다릴 일이다
새로 시작한 우리 사랑처럼

뜨거운 진홍은 솟고
찬 기운으로 엉켜있던 구름덩이가
천천히 몸을 바꾼다
버섯 아래 숨는 낙타, 코끼리, 범선, 사천왕
그리고 아수라의 모습으로

누구도 말할 수 없는 저 오랜 침묵은
쓰여진 적이 없는 신의 서사시
그대 맨 처음 보았을 기운이
한 송이 붉은 모란꽃을 열어
태초는 사람의 가슴을 속인다

---

* 천왕봉 일출은 지리산 8경중의 하나, 3대 적선 후에야 볼 수 있다는 속설이 있다.

하늘로 가는 문
—통천문

천왕의 심부름으로 지상에 내려 갈 때
구름 드나드는 바위 문 출구에는
하늘에 오르려는 사람들이 줄지어 서있다

「부정한 자는 출입을 못하느니」

도처에 문은 엄숙하다 때로는
좌절의 아픔을 남겨 주기도 하지만
사람들은 스스로 만든 문을 목에 건다

「사람에게는 지나야 할 문이 있다」

말씀을 전해 주고 서있는
하늘기둥天柱에는
「通天門」 세 글자가 무겁기만 하다

---

* 통천문은 서쪽 능선에서 천왕봉으로 오르는 막바지에 놓여 있는 바위 문으로 하늘을 보고 열려 있다. 그 문을 통과하지 않고는 천왕봉에 이르지 못한다. 바위벽에 〈通天門〉이라 새겨져 있다.

그리운 안개
—제석단의 안개

안개가 가끔은 그리울 때가 있다
한길 앞도 보이지 않는 지독한 현기증
관절염 같은 안개를 만나면
사지가 마비되어 한 발자국도 떼지 못한다
그런데도 제석봉에 이르면 안개가 그립다
나무가 하얗게 서서 내려 갈 길을 묻는
백골을 아픔 없이 가려주기 때문이다
신들의 회동이 끝난 제석봉이 비 아니면 안개로
안으로 가다듬은 수 천 년 호흡을 뿜어낸다
쫓기는 네게도 그렇게 다가섰을까
아직도 산을 넘지 못하고 서있는 나무는
하얀 뼈가 다할 때까지 몇 천 년을 더
하늘을 받들고 서 있어야 한다 가끔은
지독한 안개를 그리워하며

* 제석단은 지리산의 제 3 봉, 고사목이 가장 많은 곳이다.

안부를 묻다
　　—장터목

시천 유기쟁이와 마천 옹기쟁이가
봄, 가을로 안부를 나누더니
오늘은 노고단으로 가는 보리 문디와
치밭목으로 가는 찹쌀 깽깽이가 서로
지나갈 험로를 묻는다

언덕 아래 숨어사는 산희가
남녘, 북녘 어느 고을에서도 오지 않는
장꾼을 기다리다 마른 애간장을 끓이는 것은
어제 오늘 일이 아니란다

북에서 오는 눈보라와
남에서 넘는 봄바람이
장터목에서 일없이 몸 섞는 4월
중천에 떠오른 해는
바람 사이 세월을 헤집어 본다

* 산희는 장터목샘의 또 다른 이름. 어느 산꾼이 자신의 딸 이름을 붙여 놓았다.

못 생긴 돌
　　—연하선경

기암은 함께 노닐 구름을 기다린다
낮술에 취한 안개만 자주 머무는 곳
누구도 사는 일 묻지 않는다
곰취, 지보풀, 동자꽃, 오이풀꽃… 들
그늘에 묶여있던 이끼가 대답대신
보호장구도 없이 바위틈을 오른다
사는 건 구름의 다른 이름일 뿐
아득한 벼랑 아래서
두런두런 이승의 말소리 들려오고
능선을 지나가다 지친
못 생긴 돌도 쓸모가 있을런지
비루한 한 몸을 보탠다

* 연하선경은 지리 10경중의 하나. 장터목에서 세석으로 갈 때 처음 만나는 봉우리 연하봉의 풍경, 여러 암봉이 연봉으로 이어져 있다.

지리산 나비
—촛대봉

태초는 어둠뿐이 아니었다
누군가가 촛대에 불을 켰다
지리산이 환해졌다
짐승이 나고 사람이 생긴 그때
빛에 눈을 뜬 나비가 촛대에 앉았다
우주가 일시에 캄캄해졌다 그리고
눈 비 오고 바람 불고 서리치고
해와 달이 번갈아 밝혀주던 봉우리의 이력
그새 3억년의 세월이 흘렀다
산 여저기 꽃이 피고 꽃을 따라간 나비
촛대에는 누가 불을 켤 것인지
타다 만 심지가 탑처럼 굳어졌다

---

* 촛대봉 1713m은 종주 산행 길에서 멀찍이 벗어나 우뚝 서있다. 도장 골에서 오르는 길이 있다.

어둠을 넘어서
―세석고개

지척에 세운 촛대에는 불이 꺼지고
그믐이라도 천왕을 밝게 보라 한다
운무 속 산장은 아득하여
쫓기는 이의 고달픔에 고개가 높다
땀 씻은 바람이 뚝뚝
무거운 물방울을 지상에 떨군다
까마득한 어둠 속을 달려 온 사람들이
맨발로 평전에 간다
누가 고개에서 쉬어 넘지 못하는가
정해진 거처가 없는 바람처럼 나도
견고한 거처 하나를 버리고 싶다

허기를 달래며
―세석산장에서

세석산장 바람벽에 기대앉은 허기가
한낮에 감자를 삶는다
버너에 불을 높여 기다려도
참지 못하는 코펠 뚜껑만 들썩거릴 뿐
감자는 익을 생각을 않는다

화개재를 출발하여 천왕봉을 돌아 와
점심 라면을 끓이고 있는 젊은이와
아침에 벽소령을 출발한 내가
한 곳에 앉아 불을 붙이고 있다
산을 타는 것도 사람의 일인가

거림에서 오는 8월 억센 바람에
새파란 불꽃이 버너에 흔들린다
감자도 뜨거우면 돌아눕겠지
돌아온 길을 생각 않듯 떠날 길도
앞서 걱정하지 않는다

동자꽃
— 세석평전

안개로 허기를 메운다
한신골 넘어오는 맵찬 바람에
부황 든 얼굴이 몹시 흔들린다
채울 수 없는 허기가 한기를 부르고

눈 내리는 길목을 지켜 서서
뜻도 없이 감겨지는 눈꺼풀을
애써 감지 않으려 흔들리는 그대
바람 없이도 흔들린다

저물녘까지는 혼자서 눈을 떠야한다
눈도 없는 마른 하늘 아래
발자국을 찍어 누가 불을 피울 것인가
배고플 일도 없는 내가 흔들린다

* 노스님과 동자가 사는 어느 산사에 눈이 길을 막아 겨울 양식이 떨어져 굶어 죽게 되자 노스님이 눈길을 뚫고 시주를 얻으러 나가고 혼자 남은 동자승이 노스님이 오는 길목에서 기다리다 배고픔과 추위를 견디지 못하고 쓰러져 죽게 되었다. 이듬해 봄 동자승이 쓰러져 죽은 그 자리에 황토빛 꽃 한송이가 피었다. 사람들은 동자승의 넋이 꽃으로 피었다고 했다.

제 2 부
세석평전-노고단

촛대봉과 세석평전에 있는 세석산장

민둥산
―영신봉

첫 걸음이 만리를 가느니
산장을 뒤로 하고 길을 나서면
배낭 속 빈 코펠이 소리한다
얼마나 더 걸어야 등줄기 적시는 땀이 흐를까
숨 찬 고개턱 갈림길에서
바람 앞에 선 이정표는 남부능을 감추고
쉬어가라 길을 가로 막는다
소리 죽여 엎드린 오이풀꽃들은
죽을 힘을 다해 영신봉을 오른다
대성골이 검은 가슴을 열어 산을 높일 때
언덕 아래 숨은 영신대는 전설이 된다
멀리 노고단에 구름이 꼬이면
반야봉은 훌훌 옷을 벗었다

* 영신봉(1652m)은 세석산장에서 노고단 가는 길로 첫 오르막 끝에 닿은 봉우리. 밋밋하여 볼품이 없다. 이정표 부근에서 반야봉의 숨은 비밀을 알 수 있다.

선녀에 빠지다
—칠선봉

옷은 어디에다 벗어 놓았는지
일곱 선녀가 하늘에 오르지 못한 채
숨기도 어려운 곳에서 맨몸이다
가끔은 한신골 운무를 감아 두르지만
햇살은 올 올마저 몰래 빼가서
대낮 산길에 낯 뜨거운 풍경
젊잖은 덕평봉도 기웃거리고
바람둥이 영신봉도 다가서 보지만
구름은 일곱 선녀를 숨기기에 바쁘다
살아남기 위하여는 움직여야 한다
천궁의 숨바꼭질은 쉬지 않는다

* 칠선봉(1578m)은 일곱의 암봉으로 되어 있다. 운무 속에 숨었다 나타났다 신비스런 풍경을 연출하여 7선녀에 비유된다.

폭설 속에서
—덕평봉

헐벗은 참나무 낡은 옷
마저 벗은 몸 위로 눈이 내린다
높은 곳에서 낮은 곳으로
사정없이 아랫도리를 때린다
능선 길 발자국 따라
산은 아흐레 째 눈에 갇히고
굶어 죽은 짐승들이 남긴 흔적을 쫓다
길을 잃고 죽어간 젊은 빨치산
서러운 혼이 눈을 불러 모으는지
숨어사는 산녀는 어금니 앙다물고
움추린 정월 초사흘 추위 견뎌내며
사나흘이면 끝나겠지
늦어도 보름이면 끝이 보이겠지
기다린 뒤에도 한 이레쯤
산은 눈을 가두고 눈은 산을 가둔다

* 덕평봉 1588m

서늘한 물맛
―선비샘

숲 사이로 달아나는 하얀 벽소령 길
갈증 부르는 햇살이 어지러울 때
한 숨 길게 내 쉬지 말라
샘터는 그늘도 없이 눈물을 쏟는다
어느 지친 손이 남겨둔 지팡이가
숨길 미처 못 거두고 일어설 때
허기 끝에 닿은 길이 앞서가고
솟는 물이 하산을 재촉한다
선비가 되어 떠나지 못하는 참나리가
선비샘 물맛을 서늘하게 피운다

* 선비샘에는 전설이 있다. 옛적에 나무꾼이 있어 이 샘가에 와서 자신의 신세를 한탄하였다. 자신은 누구에게도 존경을 받을만한 일을 하지 못한다고 생각하였다. 지나가는 선비들이 샘터에서 물을 마시기 위해 몸을 구부렸다. 그는 죽어서라도 남의 존경을 받고 싶어했다. 그래서 자기가 죽으면 이 샘터 위에다 묘소를 써달라고 유언을 했고 그 나무꾼은 지나가는 사람들이 무덤 앞에 엎드리게 하였다는 데서 선비샘이라 불리워지게 되었다.

태고의 슬픔
―벽소한월

원시에 달이 뜬다 휘엉청
낮게 누운 지리 산녀
드러난 맨살 허리가 슬프다
누 천 년 골짜기 견고한 침묵 위에
천추의 한을 머금고 떠오른 빛 태
차고 푸른 이슬이 높이 걸렸다
그 영혼을 달래는 듯
깊고 그윽한 신비로 침몰시키는 적요
환장할, 환장할 것 같은 요조숙녀
달빛 아래 고사목 흰 뼈가 더욱 깊어서
허리를 덮고 있는 태고의 슬픔
밤 깊어 나는 홀로 마신다

* 벽소한월은 지리 10경중의 하나. 지리산 종주 시에는 보름날을 맞춰 벽소령에서 꼭 하룻밤만 쉬어 가기를 권한다.

볼쌍 사나운 꼴
—형제바위

형제봉 포근한 가슴에 안겨
마른 숨 토하며 쉬고 싶은 곳
그러나 형제는
볼쌍 사납게 서로 돌아앉았다
답 없는 다툼만 남아
서늘하게 산녀의 유혹을 떨쳤다
유혹에도 한 번 쯤 빠져도 볼 일이지
이승의 일 얼마만큼 안다고
사나운 꼴로 길을 지키는가
등 맞대고 견딘 꼴이 가관이라
지나는 이마다 웃음거리 되게
떡갈나무는 키도 세우지 않았어라

* 형제봉 지나 석문을 지나면 내리막길 오른 쪽에 우뚝 솟은 바위가 있는데 언듯 보면 하나요 자세히 보면 두 개인 이 바위는 수도하던 형제가 성불한 후 지리 산녀 유혹을 뿌리치려고 오래 동안 등 맞대고 서 있다가 그만 돌이 되었다.

신씨
―형제봉

일천 사백 높은 봉우리 가까이까지 와서
빙과류를 팔고 있는 화개 사람 신씨
힘들지 않게 아침이나 먹었을까
짓던 밭농사 지슴을 팽개치고
속세 얼음을 지고 예까지 올랐구나

모질게 일어서던 음정 오르막
아버지를 붉은 산에 떠나보내고
귀 막고 십년, 입 닫고 이십년
어머니 서러움으로 발끝만 보고 가다보면
땀방울에 찔린 눈이 절로 아프다

마음속에 남아 있는 속간의 더위는
차가워도 식을 줄 모르고
돌부리에 채인 발끝이 못내 시리다
말로도 찾을 수 없는 아버지 그늘에
화개골 마파람은 가슴만 여위다

* 형제봉(1433)
* 화개는 산청 화개와 하동 화개가 있는데 여기서는 산청 화개를 말함.

떠도는 영혼
—연하천

푸욱, 한 사나흘 쉬어 감도 좋으리
천년 가뭄에도 솟는 물이 좋으니
삼나무 그늘에 자리 깔고 누워
집을 잊어 먹는 일 흔한 일이다

집 없이 떠도는 푸른 안개는
목 마른 빨치산들의 그리움
쫓겨 온 그늘에 아물지 않은 상처는
연하천을 아직 떠나지 못한다

잡목 우거진 숲에 누워 있는 자
그 넋까지 한자리 불러 앉혀
몸에 감긴 붉은 문신을 베어 먹고
구상나무는 수도승처럼 뼈골만 남아 있다

* 연하천은 명선봉 못 미쳐 천왕봉 바라보이는 삼각고지 트인 북사면에 있으며, 사시사철 솟는 샘물이 맛이 있고 그곳에는 산장이 있다.

나의 늑대
―삼각고지

노고단 가는 길은
그늘 짙은 북쪽 기슭으로 돌아가고
늑대는 슬픈 울음으로
자작나무 숲에서 짝을 찾는다

와운골 검은 숲으로 몰려가는 소리는
차라리 서늘한 절규
숲 그늘에 숨어 사는
그리운 늑대는 어디 있을까

살육의 번제를 끝낸 붉은 눈으로
날카롭게 이슬을 갉아대는지
삼각봉 원시의 숲에서는
꿈틀대는 야성을 참내하지 못한다

반쪽 나의 짐승을 가져가 다오
날빛 아래 붉은 나의 형제여
바위 능선에 선 검은 그림자는
끝없는 사랑이 너를 지키느니

* 삼각고지(1470)는 연하천에서 오르면 만나는 트인 봉우리

부끄러운 처녀들
―총각샘

산녀를 기다리다 목말라 죽은
총각의 원혼은 달래지지 않는다
속세에 못 다한 인연이 남아
오뉴월에도 손 담그지 못하게 하고
가뭄에도 그치지 않는 물로 돌아온다
속 시려오는 눈물겨운 물을
세 모금만 마시면 멋진 신랑 만난다고
부끄러운 처녀들 자주 입술 적실 때
달랠 수 없는 사랑이 그리 급한지
산길은 발 빠른 걸음으로
빗점골 하산 길을 먼저 잡는다

* 삼각봉에서 노고단으로 가는 길, 가파른 오르막을 더디 올라 능선길 달리다 쉬고 싶은 곳 바위너설 왼쪽 등너머 바위 아래에 솟구치는 샘이 하나 숨어 있다.

하늘 깊은 허기
— 명선봉

길에 지친 땀방울이 명선봉에 누웠다
낯바닥에 비칠 일 없는 하늘이
한 점 티 없이 나를 보고
흙에 젖은 눈이 하늘을 본다

초근목피로 연명하던 남정네들이
쫓기고 쫓겨 연하천에 닿았을 때
배를 채워 주던 샘물은 여전한데
헤진 입술들은 어디로 갔는가 다들
이십세기 이데올로기에 침몰하여
쉼 없이 쫓겨 다니던 허기를 맛보며
오늘은 적막을 베고 누웠어도
한번 끊어진 잠은 오지 않는다

그때 토벌군처럼
몸 껍질을 벗겨 가는 바람이 덮쳐와
막무가내 내 눈은
하늘 깊은 허기에 빠져든다

지보초
—토끼봉

아직도 눈에 남아 있는지 몰라
골짜기에 뒹굴던 임자 없는 주검들
피아간 마지막 일전을 숨겨 가진
넓게 트인 봉우리에 엎드린 지보초
여저기 흩어져 전설처럼 슬프다
빨치산 질긴 손이 목숨을 보전하던 풀은
박토에 뿌리를 깊이 내리고
철쭉 관목을 계관처럼 두른 구상나무는
토벌군처럼 아직도 뻣뻣한 채
화개골 전망은 어둡기만 하다
그늘 깊은 뱀사골 검푸른 조망에
노을은 절로 숨을 멈춘다

*토끼봉은 칠불 능선이 뻗어가며 용트림하는 곳으로 이마는 정작 밋밋한 초원이다. 한국전 이후 빨치산이 이곳에서 지보초 산나물로 연명하였다하여 지보등이라 불리기도 한다.

붉은 비
―화개재

어디를 그렇게 서둘러 갈까
목통골 건너 온 구름은 몸이 무겁다
화개장에서 무슨 짐을 졌는지
뱀사골 그늘로 쉬이 내려서지 못한다
앞서 가려고 밀치고 당기는 나무들이
충혈된 눈에서 지워지고
쓴 바람소리 뜬 물소리가 귀를 빠져 나간다
뼈에 드는 뱀사골 그늘을 거느리고
산의 침묵이 숨어 쉬는 화개재에서
비가 피 되어 내린다
피가 비 되어 내린다

* 화개장은 하동 쌍계사 초입의 화개장터

날나리봉
—삼도봉

가까운 반야봉에 녹음이 짙고
먼 섬진강은 소리죽여 젊은 넋을 달랜다
바위 등에 올라 노고단 바라보면
지나 온 길 아득하고 갈 길도 마찬가지
불무장등에 육자배기 뽑을 일 절로 생긴다

낯익은 봉우리를
입 속으로 가만히 읊조리기만 해도
어깨 들썩이게 하지 않던가
낫날봉, 낫날봉, 날나리봉
동편제를 넘는 송만갑의 흥보가가 들려온다

가슴에 흐르는 피의 소리
어느 산에서 신명으로 다시 토할 텐가
살 떨림에 소리를 질러 본다
듣는 이 어느 곳에 없어도
힘 뻗는 불무장등이 득음을 한다

* 전남, 경남, 전북의 3도가 경계를 이루는 날나리봉은 선조 때부터 전해져오는 오랜 이름으로 낫날봉 혹은 삼도봉이라 한다.

낯선 그리움
―노루목

표정없는 고층 아파트
모서리가 날카롭다
등 다독여 줄 이웃도 떠나
돌아오지 않는 빈집
다시는 돌아가지 않으리
낮달을 향해 가슴 열어 보인다

거미도 오지 않는 오래된 갈림길에서
울 밖에 나선 목 쉰 늑대 한 마리
푸른 눈을 울부짖는다
울부짖음은 낯선 그리움에 가서 닿을까
목마름 적셔줄 샘물은 없어도
푸른 반야에 올라 붉은 눈을 토한다

* 노루목은 주능선 길과 반야봉으로 가는 길의 갈림목이다. 여기에 배낭을 벗어놓고 반야봉을 다녀오는 데 걸리는 시간은 보통걸음으로 1시간 10분쯤이다.

비밀
―반야봉

검푸른 눈은 볼수록 맑아지고
산길 내내 가슴 설레게 했던 여인은
부끄러운 몸 어디로 숨어 갔는지
정작 보이지 않는다
서서도 보고 누워서도 보고
눈 버려가며 탐할 일은 무엇인가
구름 속에 떠있는 노고단은
가진 것이 외따로 떨어진 하늘뿐이고
만복대는 먼 전설 속 궁궐 같아
절로 마음 가벼워진다
지리산은 어디서나 깊은 산이니
반야의 혼은 집에 가서 느낄 일이다

* 반야봉(1728). 지리산 제 2 봉인 반야봉에는 8경 중 하나가 숨어 있다. 천왕봉, 영신대 또는 노고단으로 향하는 능선길에서 멀리 바라다보면, 특히 영신봉에서 보면 엎드린 여인의 알몸기 모습을 볼 수 있는데 이는 반야봉에 숨겨진 또 다른 모습이다. 반야봉은 노루목에서 오르면 그 진수를 느끼지 못한다. 뱀사골 이끼폭포 코스가 아름답다.

그대 앞에 놓인 빈 술잔
―임걸령

임 두령은 어디로 갔는가
저 푸른 능선을 고리 눈에 넣고
이 검은 골을 왕발 끝에 놓아
산야의 간담을 서늘케 하던 도끼는
잡풀 속 어디에서 녹슬고 있는가
두어라 홀로 세월이 되게
산객들의 발길질에 채인 산채 우물은
아픈 가슴을 쓸어안고 아직도 펑펑
잊혀진 왕조의 골짜기로 흘러가는데
그대 앞에 놓인 빈 술잔에는
캄캄한 이슬만 방울방울 맺혀있다
누가 세월을 탓하고 가는가

* 임걸령은 화랑들의 수련장 몰두덩에서 수백의 부하를 이끌고 와 이곳을 소굴로 삼았던 도둑의 무리 두령 임걸의 이름을 따서 붙인 재.

햇살 그늘
—황호랑이 막터

눈은 내리고 있는가 아직도
자라지 못한 강아지가 기어다니고
북풍은 세차게 눈을 불러 모으는데
호랑이가 나올 것만 같은 움막 터에서
부르고 싶은 이름이 있다면
황 총각이 아니라 호랑이이다
씨를 말려 이 땅에서 사라진 큰 짐승이
냄새라도 묻혀 나올 법 한데
여전히 비바람 피하기 좋은 곳
엄마 젖이 그리운 새끼 강아지
발자국이 눈밭에 시리고
뜨거운 포효는 땅에 묻어
서슬 푸른 살기는 햇살 그늘뿐이다

* 황호랑이 막터는 임걸령 샘터에서 동쪽으로 30여 미터 떨어진 북풍 바람막이 터 절벽 아래 움막 터. 전설에 의하면 화엄사 계곡 어귀에 황등이라는 조그마한 마을이 있었다. 옛날 이 마을에 성이 황씨라는 총각이 지리산 약초를 캐며 살아가고 있었다. 약초를 캘 수 없는 겨울이면 황 총각은 나무주걱을 만들어 팔았다. 어느 겨울날 황 총각은 주걱을 깎으러 반야봉에 들어가게 되었다. 그날은 유달리 집에서 기르던 암캐가 따라 나섰다. 황 총각은 노고단을 넘고 임걸령을 지나 반야봉 근처 밀림지대에서 주걱을 한 짐 깎아 짊어지고 집으로 돌아오려는데 별안간 눈이 내리기 시작하였다. 시간이 갈수록 눈이 많이 내리는 데

다 날이 저물어 갈 수 없게 된 황 총각은 걷기를 단념하고 임걸령 샘에서 동쪽으로 30미터쯤 내려가 바위를 의지하여 나무 가지를 모아 단단한 산막을 만들었다. 막 앞에 모닥불을 피워 놓고 산막에서 밤을 지새우기로 하였다. 설상가상으로 그날 밤 주인을 따라온 암개가 새끼 7마리를 낳았다. 밤이 깊어지자 계속 내리던 눈이 멎고 하늘은 개었으나 불현듯 호랑이 한 마리가 나타나 으르렁거렸다. 아마 개 냄새를 맡고 왔던 모양이었다. 황 총각은 처음에는 어쩔 수 없어 강아지를 한 마리씩 몇 마리를 던져 주었다. 그래도 호랑이는 물러가지 않고 계속 으르렁거렸다. 강아지를 다 던져준 황 총각은 생각했다. 어떻게 할 것인가. 그러다 마침 피우고 있는 불 옆에 벌겋게 단 돌멩이를 발견하고는 그 돌멩이를 주걱으로 던져 주며 소리쳤다.
"옛다 먹어라"
이를 덥석 받아 삼킨 호랑이가 포효하며 눈 속에 뒹굴다가 죽었다.
남다른 용기와 지혜로 무기도 없이 호랑이를 잡은 황 총각에게 고을에서 큰상을 내렸다. 그에게 황호랑이라는 별명을 붙여 주었다. 그 때 움막터는 지금도 황호랑이 막터라고 전해지고 있다.

누워서 하늘을 보다
―돼지평전

노고단 고개에 다 와 가는
종주길 긴 끝머리에서
간간이 죄어오는 허벅지 통증은
긴장이 앞서 풀린 탓일 게다
돌아온 길을 되짚어 볼 여유도 없이
한 숨 돌리지 못한 몸은 지쳐있다
여기쯤 오면 누구든
자음과 모음이 결합되는 말이
입 속에서 소용없게 된 때
내달리는 사람은 먼저 달려가고
남는 사람은 누워서 여유를 가져 보는 곳
맨몸의 왕시리봉 트인 조망에
아직은 살아있는 무릎을 푼다

운해 속에서
—노고단

어디에서 몰려 왔을까
운, 해, 만, 리
한 점 소리도 떠오르지 말라
산허리를 안고 속세를 덮는다
화엄골은 소리 없이 메워지고
몸을 낮춘 구름이 산을 높인다
차일봉은 점점이 멀어져
부드러운 항해를 꿈꾸는 섬이거니
몸의 신경세포를 가닥가닥 풀어내
몰래 가서 다시 빚은 형체
나를 섬으로 띄워
다도해 아침에 한 몸을 더한다

* 노고 운해 : 지리산 8경중의 하나. 훈풍과 더불어 남쪽 바다에서 운무가 파도처럼 밀려 와 계곡을 메우고 산허리를 감돌아 흐르면 산은 운해 만리 구름바다를 이루어 높은 봉은 짐짐이 흩어진 섬이 되고 환연한 다도해로 변한다. 이 때 구름 위에서는 맑은 하늘에서 햇볕이 쏟아져 내려 운파에 반사되어 더욱 찬란하게 빛나지만 구름 아래에는 이와 달리 먹장구름이 비를 몰아 갑자기 천둥이 지축을 흔들 때도 있다. 변화무쌍한 자연조화의 신기로운 경관은 오직 숙연한 감동과 외경감을 안겨 준다. 이렇게 노고 운해는 구름 아래위에서 선속을 달리하니 천하의 기관으로 지리산 8경의 하나로 꼽힌다.

허리 굽은 햇살
— 코재에서

섬진강은 노고단을 모른다 한다
차를 몰고 가는 성삼재 길로
허리 굽은 햇살이 서둘러 간다
차오르는 숨을 토하는 구름도
철 따라 피는 꽃을 얼른 숨긴다
원추리 노란 얼굴이 노고단을 밝힐 때
노고단은 섬진강은 모른다 한다
더 오를 곳을 팽개치고 누가 가는가
시간을 물들이는데 지친 일몰이 늦도록
종석대에 남아 수혈을 끝낸다
짧은 생을 마감하나 보다

* 노고단 전설 : 옛날 그 옛날 몇 천 년 전인가 무인지경에 있었던 원시림 속에 두 노인 부부가 살았다. 노인 부부는 슬하에 자식이 없어 자식을 얻기 위해 덕산심(德山心)을 가졌고 인산심(人山心)을 가졌다. 지리(智理)를 가진 영산에 기도를 하면 손을 볼 수 있다는 말을 듣고 이 산 속에 찾아 들어 기도 터를 만든 곳이 바로 노고단이었다. 두 부부는 열심히 기도를 했는데 천일기도가 끝나던 어느 해 봄 5월도 맑은 청자 빛 찬란히 빛나는 날 천왕봉을 향해 두 손을 곱게 모으고 죽었다. 그 후 또 몇 년이 지난날에 바위 할매와 바위 할배가 노고단에서 죽었다고 하여 여기를 지나는 사람들은 두 부부의 영혼을 위해 간단한 산제를 지냈다. 그러던 어느 해 봄 이 노고단 주변에는 할미꽃이 만발하게 피어 꽃밭을 이루었고 철쭉, 백합, 나리꽃이 점차적으로 이곳을 단장했다. 그 후 사람들이 붙인 이름이 노고단이다.

제 3 부
남녘 계곡과 능선

왕시리봉 능선

산으로 가는 길
—농평

통꼭봉 아래 숨어사는 마을
당재 지난 뒤 하늘도 아래로 보이고
구절양장 몇 구비를 돌아서
별 같은 눈을 만나러 간다
먼 산 첩첩 능선 발아래 흐르고
가서 닿은 곳 어디인지 알 수 없어도
눈 선한 사람이 마을에 들었다가
눌러 앉은 산죽처럼 새끼를 친다

불무장등 가는 길에
한 밤을 새기 위해 배낭을 풀고
올려다보는 밤하늘 몹시도 검어서
별은 누가 다 셀 것인지 걱정이 앞선다
걱정을 떨쳐 두고 든 산에서
또 걱정거리가 생긴 어리석음을
가을 풀벌레가 일제히 꾸짖어
속살 떨림에 잠 못 들어 한다

* 농평은 연곡사 매표소 못 미처 오른쪽으로 오르는 도로가 나 있고 그 끝에 있는 마을.

두견새 울다
—통꼭봉

등에 올라서자 작은 돌들이 몸을 움추린다
손으로 얼마나 세게 내려쳤으면
통꼭봉 바위가 다 부서져 내렸을까
늙은 부모 공양도 못 드리고
두고 온 어린새끼
젖 한번 물려보지 못함을 한탄하며
바위를 치며 소리 내어 울었을까

슬픈 여인은 가고 함께 울던 두견이
건넌 문바우등에 피울음으로 남아 있다
오십 년이 지난 뒤인데도 피아골을 메우고
당재를 넘어 목통골 물소리에 뜻을 담는다
한가위 청천에 뜬 달을 우러르며
오늘은 누가 화답해 줄까
살아서 듣는 울음이 죽음보다 더 버겁다

* 통꼭봉은 불무장등 아래에 있는 봉우리. 빨치산의 한 여인이 한가위 날 집에 두고 온 자식이 그리워 통곡을 했다는 데서 비롯한 이름.

시간의 언덕
—불무장등

길 끝에 앉은 시간은
몸 여윈 산나리꽃에 검버섯을 피웠다
붉은 밤이 새 나오던 그 해 여름이 가고
홍단풍 나무 가슴 상처를 내보이는 곁에서
남녘 바다가 그리워 몸 뒤집는 장등은
허기 다독이며 엎드린 길 위에서
시간에게 한번 더 몸을 허락한다

투쟁보다 더 절실한 혈육은 멀다
앞 코 터진 신발에 끌리는 질긴 사투리
말 끝에 해 꼬리가 길어서 슬프고
불무장등 지나가는 시간은
실실 흩뿌리는 눈발 다시 부르느니
높을 것도 낮을 것도 없는 평범한 생에
이념도 투쟁도 다 벗었다

* 불무장등은 삼도봉(낫날봉)에서 통꼭봉 가는 능선의 일부로서 고도 1300m의 편평한 능선이 10여리 계속된다.

서릿발 길
―피아골

등 뒤를 밟아 오던 검은 하늘
초생달이 놓는 하산 길이 길다
돌길에 서툰 발자국소리 더 커져 가고
신들린 바람은 발끝에 채여 구른다
잎 진 원시림 흔들림 없는 잔가지들이
저문 하늘을 포박하고 섰을 때
굵은 바윗돌 밟히는 무거운 침묵이
산장의 어둠을 깊게 한다

밤이슬 내리는 어스름 발등에
피 비린 낙엽들이 매섭게 간다
낙엽은 부서져도 핏빛이어서
초생달 사라진 빛만 골라 밟는다
붉은 이슬은 골을 넘쳐 세상을 적시고
소금 끼 묻어나는 하산 길
낮을수록 더 아름다운 계곡에서는
마른 흙도 서릿발로 일어선다

빨갱이
―삼홍소

산이 붉어 물이 물들고
물에 젖은 눈이 붉어져
뵈는 이도 빨갱이가 되느니
이 골 붉은 색 끝은 어디에 있는가
물 든 붉은 물이 흘러서
피아골에 든 누가
아픔 없이 단풍을 보는가
가을이 아니어도 물 드는 피아골
지던 나뭇잎만큼이나
숱하게 졌던 사람들이 잊혀져 가고
빨치산 깃발을 숨겨 가진
붉은 나무마다 눈을 아리게 한다

무거운 비
―직전단풍

물을 숨기고 길을 감춘 붉은 기운이
산을 낯설게 한다
검은 옷도 물들어 가슴이 쓰리고
쫓고 쫓기던 맨발에 상처가 깊어
갈라 터진 살 틈으로 흘러나온 피에
회화나무 어린 뿌리가 젖어서
터지는 분노를 삭힐 수가 없다
선혈 낭자한 피밭골 쫓기던 얼굴에
그 어둡고 짙은 그늘이 숨어
어찌 단풍으로만 이름할까
떨어진 낙엽이 바스락거리는 것은
숨어있는 백골이 솟아오르는 소리란다
새싹으로 터져 오르기 위해
지는 낙엽에 덮여 오랜 세월 견뎌내며
지나는 발자국소리에도 깨어나
마음 아픈 이웃 데려가라 외치는 소리란다
임걸령 넘는 바람도 눌러 앉히는 이 골
울음이 타는 나무아래서는
밤도 그냥 지새우지 말라
무거운 가을비가 서서 간다

숨죽인 햇살
―목통골

피아골에 비가 오나 보다
물기 품은 바람이 당재를 넘어온다

서둘러 비설거지 끝낸 아낙이 고추밭에 간 뒤
밝게 열린 사립문 안이 고요하고
는개는 오후 내내 연동골을 숨긴다

수확 끝낸 다락 논에 마른 벼가 추위에 떨 때
가끔씩 마을에 드는 햇살이 귀하여
구름은 불무장등에 몸을 얹고 존다

제 무게를 못 이긴 토끼봉이
골 아래로 긴 발을 뻗었다

* 목통마을은 물레방아로 발전을 하여 하동읍 보다 전기를 먼저 쓴 10가구의 사하촌이다. 지리산 최고의 명주 '약탕 막걸리'가 김수만 할머니의 전통비법으로 지금까지 빚어지고 있다. 목통마을은 최화수의 〈지리산 365일〉에 '지리산 러브스토리'로 소개가 되어 화제를 모았던 김수만 부부가 살고 있다. 여수에 살던 미모의 처녀가 지리산 산골로 자청하여 시집을 와서 보금자리를 열었다.

보리쌀 한 자루
― 연동골

골이 깊으면 얼마나 깊을까
화개골 지나자 가지 친 목통골
한 구비 너머 다시 샛골
우물물 홀로 넘쳐 하산하는 동네
보리쌀 한 자루가 감나무 아래 석축만 남기고
아픈 기억으로 성삼재 길을 열었다
이 곳에 숨어사는 사람들에게
총을 겨누고 선 백골이
「이데올로기는 가라」외친다
들었는지 못 들었는지
지워진 마을에 부는 바람은 여전히 분분하고
골에 흐르는 물만 더
창백하다 못해 백골이 되었다

*화개재에서 목통마을로 내려가는 연동골은 지난 날 남원 사람들이 화개장터를 오가던 길이었다. 이 골 맨 윗쪽에는 지난 60년대 말까지 연동마을이 자리했고, 67년 이 산중마을에 간첩이 나타나 보릿쌀을 훔쳐갔고, 그 보릿쌀 한 자루가 엄청난 일을 저지르는 불씨가 되었다. 당시 박정희 군사정부는 지리산 간첩 출현에 놀라 천은사~성삼재~달궁을 잇는 군사작전도로와 의신~빗점~벽소령~마천을 잇는 군사작전도로를 벼락같이 개설한 것이다. 성삼재 종단도로가 88년 2차선 관광도로로 확장포장이 되어 지리산 수난의 역사를 시작하게 되었다.

은자의 수염
―불일현폭

불일평전 산장 벽에 배낭을 기대두고
수림에 들어 내달으면
산을 메고 가는 앞소리
솟구치는 천둥이 묵은 귀를 때린다
쌍계에 숨어사는 백학과 청학이
사랑 놀음하고 있는 벼랑 사이
하늘에서 내리는 구름덩이가
숨찬 기색도 없이 항아리를 채운다
저 노동을 누가 멈추게 할 것인가
수직의 벼랑은 길이 되지 못하고
은자가 기른 하얀 수염이
한 떼 미친 회오리를 만난다

금낭화
—단천골

피투성이 상처를 안고
4월 그대 품에 들었다
그대는 말없이 상처를 빨아 주었다
찢어진 마음 위로 지나가는
부드럽고 따뜻한 그대 입술
눈에 핏발이 가시고
상처에는 새 살이 차올랐다

이듬해인가
아니, 더 먼 먼 시간
그 골에는
금낭화가 방울방울 흰 피를 맺었다

풀잎
―빗점골

이 산과 저 산이 만든 골을 따라
신작로는 진격해 간다 벽소령으로
칼끝을 세운 토벌군이
얼마나 많은 풀잎을 꺾었을까

신갈나무가 총을 들었다
「너 빨갱이 놈」
총 끝에 칼을 꽂아 홍단풍 등을 찍었다
피 흘리는 홍단풍이 돌아보며
「우린 한 골짜기에 살잖아」
쓰러져 죽었다

그때처럼 꽃을 피우고 사는 풀들
오십 년이 지난 골에 떠도는 말에도
피의 흔적은 남아
손 떨리는 바람이 나뭇가질 흔든다

깊은 겨울
—삼정동

바람도 들지 않는 마을
주인 없는 개가 빈집을 지키다가
낯선 이에게도 꼬리를 친다
하얀 겨울이 지나기 전까지는
넝마의 옷을 벗어버린 낮은 지붕
빗점골 삼정동 다섯 가구
눈에 묻힌 약초가 생계를 약속하지만
사람들이 도회로 떠난 쓸쓸한 마을
수족 불편한 부부만 남아 겨울을 날 때
길을 가르쳐 주던 산 하나
맑은 얼굴이 따숩기만 하고
건네 준 물바가지에 떠 있는 초승달
눈 속에 질긴 생명줄로 남아있다

바위 속의 얼굴
—대성동

더 깊이 떨어지기 위해 오르는 산
차가운 그늘만 골라 밟는다
힐끗 돌아보니
검은 바위에 얼굴이 숨어있다
고통으로 일그러진 얼굴도 있고
화상에 찌그러진 웃음도 있다
언제 바위 속에다 얼굴을 숨겼을까

이끼 덮어 쓴 얼굴들이 불만 없이
숲은 여름에도 침묵을 가졌다
골 깊이 누운 백골은
쉬던 곳 그늘을 돌아보게 한다
뼈에 스미는 차가움은 어디서 올까
몸은 차고 어두운 곳으로 떨어지고
바위 속 오랜 얼굴이 전해져 올 때
대성동 묵은 길은 여전히 그늘 속이다

격전지에서
―대성골

더 깊은 골짜기로 숨어 가는 구상나무는
어린 것에게 물려 줄 것이 무엇이 있다고
그 깊은 밤의 일을 조근조근 들려주는가
어릴 때 들었던 총소리를
밑둥치를 스쳐 지나간 탄환자국에 대하여
어린 자식에게 말해 주지 말라
낮이면 토벌군 무차별 총성으로
밤이면 빨치산 발자국 소리로
낮과 밤이 무너졌던 이 골짜기에서
도벌꾼의 톱날을 피해 살아남았음에 감사하고
산 속 힘든 겨울을 얘기하지 말라
그 시절 아픈 피의 기억을
새삼 어린 것에게 물려주지 말라

천국을 오르는 계단
― 큰세개골

아픈 상처로 남은 격전지를 지나
골을 가득 채운 바위 돌은
내리는 것이 아니라 오르는 중이다
물이 멈춘 계곡에 어깨를 걸고
눈 맞추며 가는 길은
안개이더니 비가 오고
비이더니 눈썹 때리는 진눈깨비다

길 없는 길을 따라
뒤에 세상을 남기고 갈 때
천국의 일에 더 마음 쓰이는 것은
눈비가 훼방 놓는 때문만은 아니다
영신대에 이르기 위해
가쁜 숨이 다한 길 끝에
상고대 피는 하늘길이 열리면 길이 끝난다
이승의 힘든 산보가 끝난다

* 「천국을 오르는 계단」은 〈지리산 365일〉의 저자 최화수 님이 붙인 큰세개골의 다른 이름.

천길 벼랑 끝
―영신대

우뚝 우뚝 선 바위들이 두렵기만 하다
영신대를 슬슬 가리는 안개 속에서
누군가가 이쪽을 보고 있다
시선을 견디지 못해 힐끗 돌아보면
바람에 휘감긴 안개만 분분 흩어질 뿐
탑은 모습을 드러내지 않는다
사람들은 높은 이곳에까지 와
제단을 쌓고 무엇을 빌었을까
천상의 악공은 안개를 춤추게 할 뿐
마음은 낯선 기운에 사로잡혀
안개 속에서는 몸이 섬뜩한 칼날이다
마음이 천길 벼랑 끝이다

* 무당들이 굿을 하기 위해 제단을 쌓아 두고 여러 개의 돌탑을 세워 놓았다. 신비스럽기까지 한 운무 속의 영신대에는 이상한 기운이 감돈다.

합궁수를 마시고
―음양수

해 뜨는 쪽에서 솟는 물줄기와
달 지는 쪽으로 솟는 물줄기가
한 몸이 되어 남으로 흐른다
합궁수에 빌고 또 빌어
어느 집 귀한 손이 났는지
큰 짐승 무서운 줄 모르는 아낙이
물을 마시면서 무엇을 빌었을까
치성은 풀숲 여저기 돌무더기 곁에
무너진 움막 까맣게 삭아 내리고
그치지 않는 행로처럼 먼 뒷날
누군가가 이 물에
무언가를 빌고 또 빌겠지

신발 한 켤레
―선유동

숨은 골 선유동 초입에
가지런히 놓인 검은 고무신 한 켤레
떨어진 신갈나무 잎에 덮여 있다
얼마나 오랜 시간을 견디었는지
다 삭아 헤져 신을 수가 없다
누가 신발을 두고 산에 들었을까
산이 좋아 나올 생각을 잊었는지
곁에는 기다리다 죽은 나무가 한 둘이 아니다
산으로 가는 하얀 길을 따라
갑자기 어둠이 몰려와 거대한 동굴을 만들고
신발 주인을 기다리는 나를 덮쳤다
얼떨결에 그 신발을 신고 돌아섰지만
하얗게 삭은 신발은 떨어지지 않고
뜻도 모르고 산에 든 나를
등 떠밀어 맨발로 가라한다

산에서 띄우는 안부
—청학동

폭우 속에 가닿은 청학동에서 전화를 건다
부산은 무사할까
걱정이 된다
그래, 장대비 쏟아져 내릴 때
지리산으로 전화 건 적 있었던가
지리산을 사랑한다는 말은 거짓이다

젖은 몸 말리면서 마시는 라면국물도
산에서는 딴 맛이다
삼신봉을 넘어 단천골 가는 길이 젖어
쌍계사로 돌아 갈 일이 걱정이지만
사랑하지 않아도 산은 그 자리에서
새 길을 내어 준다

먼 그리움
―삼신봉

암봉에 앉으면 첩첩 먼 산봉우리 눈에 반갑다
희미한 하봉, 중봉, 써레봉에 이어
천왕봉에서 노고단까지 주능에 걸린
제석봉, 연하봉, 촛대봉, 영신봉, 칠선봉
덕평봉, 명선봉, 토끼봉, 삼도봉, 반야봉…
멀리 뻗어 온 푸른 산줄기에
그냥 낯익은 봉우리만이 아니다
딛은 발자국마다 땀내가 스며있고
흘러내린 골골마다 피가 고여
이름만 불러도 금방이라도 뛰쳐나와
덥석 손잡고 말을 쏟을 것만 같은
내 가슴에 숨겨둔 고운 사람
두근거리게 하는 눈빛만 같다
그러나 여기서는 너무 먼 그리움이어서
등 돌려 앉는 아픔을 너는 아는가
뛰는 가슴 차마 보여줄 수가 없구나

갇힌 물
　　—고운동

숨어든 고운동은 어디로 갔을까
산죽을 헤쳐도
신갈나무 숲 그늘로 깊이 들어가도
자취도 남김없이
송사리 한 마리 남기지 않았다

그 푸르고 깊은 물에도 목말라
되돌아 나오는 골짜기
산허리를 들어내어 그 숨은 뼈로
높이 둑을 쌓아 올려
고운동은 갇힌 물이 되었다

마른 뼈만 남은 골짜기 상처가 깊고
그 흔하던 피라미가 간 뒤
노래하던 물도 침묵하였다
마른 계곡에 묶인 배바위는
정박의 낮술을 놓지 못한다

* 고운 최치원이 노닐었다는 고운동 계곡에는 산청양수발전소 상부 댐이 건설되어 있다. 계곡 초입에는 배 모양의 바위가 밖을 향해 서있다.

가시나무
—중봉골

길을 잃고 헤매다
가시나무 가시에 긁혀 상처가 났다
손등을 흘러내리던 피는 굳고
아물어도 아픔이 너무 깊다
그대 마음 속 피가 멎지 않았는지
중봉골 어둠이 너무 깊다

오래 쌓아 둔 날카로운 가시들이
잃어버린 길에 첩첩 널려있다
부딪히는 가시나무마다 철조망이고
사슬처럼 얽어 놓은 벽이다
아직도 녹슬지 않은 마음 속 가시나무
누군가가 길을 잃고 산을 헤맨다

골짜기를 덮은 녹슬지 않는 철망 앞에서
절망은 무릎 꿇고 길을 막는다
그대 철망을 걷어라 새들이 날 수 있도록
골에 버려진 철모와 빨치산 비트에도
통일된 햇빛이 들 수 있도록
가시나무를 걷어 길에게 발을 주라

제 4 부
동-북-서 지리산

노고단 탑

정순덕
— 안내원동

가슴 더운 신랑을 만난 열여섯 살 처녀는
안내원동 바람이었다
살 베이는 산죽 잎에 맨발을 감추고
들꽃 밖에다 붉은 마음을 내놓았다

물과 놀다 지치면 나무와 놀고
나무와 놀다 지치면 풀잎과 놀고
풀잎과 놀다 지치면 바위 위에 앉아
잔디에도 곱게 드는 햇빛 안고 있더라

시간이 놀다 간 안내원동 쪽마루
가슴 더운 새댁은 어디 가고
그때 그 붉은 바람이 자고 있더라
구부러진 바람만 누워 코를 골더라

* 빨치산 최후의 여인 정순덕은 안내원동에서 체포될 때 다리에 총상을 입었다. 그곳에 살다 2004년 타계했다.

물소리가 깊어지거든
—유평골

유평골 물소리가 깊어지거든
그대 소식 전해 그리움을 삭히고
지는 나뭇잎으로 서늘한 마음도 태우고
그래도 다하지 못한 목마름이 남았거든
왕등재 넘어오는 눈바람 맞으며
한데서 맨몸으로 비박하는 신갈나무
유평골 모진 목숨을 건져 내시게

윗새재에서 아랫새재 그리고 밤밭골
보름 달빛이 능선을 곱게 세우는 밤
작은 하늘을 휘돌던 수리부엉이 울음소리가
골짜기를 깊이 파서 모아 두었다가
꿈에 그리는 천왕봉에 실어 나르는 달빛
그대 몸 떨리는 그리움에 미치겠거든
유평골 첩첩 산그늘로 다시 드시게

침묵학교
—가랑잎 분교

가서 보았니
바람이 나무를 시원하게 가르치는 학교
그래서 가랑잎만 글 읽는 소리를 내는
새똥만한 학교
이제는 싹이 틀 때도 되었지
지기만 하던 회화나무 가랑잎
키 큰 오랜 세월 자리 잡고 살면서
이제는 졸업할 때도 되었지

손바닥만한 학교도 키가 크는지
여름이면 마당 가득 벌레 모아 놓고
모닥불 피우던 때를 기억하는지
떨어진 마른 잎이 소리 내며 탄다
커버린 아이들이 떠나간 학교
운동장 가에는 키 작은 풀들이 산을 닮고
막돼먹은 돌멩이들만 아직
무거운 침묵을 깨치지 못했지

눈부신 그늘
—조개골

이끼는 키도 없이 눌러 앉았다
푸른색으로 멍 든 소리만 남기고
물이 떠난 자리 눈부신 그늘이 펄럭인다
난해한 루트만 남겨 놓고 사라진 이들에게
어디서 와서 어디로 떠났는지 묻지 마라
그 물음은 아무 소용이 없어
계곡 물거품처럼 맴돌다 사라진다
가고 오는 것이 이 골에서는
바람의 일이거나 물의 일이거나
천년동안은 결코 낯설지 않다

그대 뒷소식
― 치밭목 산장

그대 산에 내가 들었다
써레봉 위에
달은 그때처럼 초생달로 남아 있고
그대 발자국 소리는 들리지 않았다
물푸레도 가만히 잎을 다문다

그대 머문 산장은 비어 있고
어둠은 무겁게 하봉 능선을 채운다
늙은 떡갈나무가 그대 소식을 아는 듯
곁에 다가서자 몸을 움추렸다
나무를 안아도 전갈은 거대한 침묵뿐

다시는 산에 들지 않겠다는 너를
기억하는 바위는 아무 곳에도 없다
네가 등을 기댔던 고사목도
발을 씻었던 물도
깊은 잠에 들어 깨지 않는다

달 따러 가는 길
—써레봉

외딴 봉우리 싸리나무 보라꽃
달빛이 시려 문을 닫는다
칼날 같은 초승을 상봉에 걸어 두고
오늘도 짐승처럼 치밭목에 간다

짙은 땀내 밖에 가진 것이 없어도
먼 곳에 나앉은 구곡산까지
발 뻗어 마음을 전하는 써레봉
달빛은 헤드랜튼 불빛만도 못하다

써레봉 너머 다시 중봉
안쓰러운 발자국이 바위 위에 남고
조개골은 검은빛을 더 뿜어서
지우고 싶은 산길 모두 덮는다

천왕봉은 예서 너무 멀어서
마음을 일으키면 몸이 듣지 않는지
그대로 주저앉아 봉우리는
손 흔드는 그리움에 만족한다

*써레봉(1642)은 농기구의 하나인 써레모양으로 생겼다하여 붙인 이름

산죽능선
―쑥밭재

윗새재 때 절은 삼간 기둥
달빛에 취한 써레봉이 솟구쳐
쑥밭재에는 무성한 소문만 오른다

잎 진 신갈나무 숲 훤한 가지사이
달빛과 손잡고
하봉 거쳐 중봉 가는 길

산에 들어 구슬픈 쑥국새 노래
모른 듯 마음으로 한번쯤 따라 가면
길을 막은 산죽은 피해 주지 않는다

산죽 사이 그늘만 밟는 발자국이 외로운 밤
늑대 울음 소리 끊이지 않던 곳
키 큰 산죽만 하늘아래 깨었다

* 쑥밭재는 윗새재에서 광점동으로 넘어가는 고개

왕가의 빈터
—왕등재

조릿대 한길 넘게 웃자란 길을 따라
쑥밭재에 오르면
네 가던 길 여귀풀도, 산수유도, 독바위도
도무지 아는 체를 않는다

굶고 넘었으리 오랜 옛적
이리, 승냥이도 범과 반달곰도 함께
눈물 받아먹고 주린 배를 채웠으리
길을 갈수록 별빛이 쏟아져 내렸다

잊혀진 왕가의 빈터는 넓기만 하고
낡은 길을 따라 걷던 사람의 발자국이
아직도 재를 못 넘었는지
조그만 바람에도 옷자락 스치는 소리를 낸다

*왕등재는 하봉 능선이 웅석봉으로 흘러가는 초입부분 쑥밭재에서 얼마 떨어지지 않는 위치에 있고 가락국의 왕이 한때 기거했다는 뜻에서 붙인 이름이다.

검푸른 숫기
―독바위 양지

게으른 아내의 손끝에서
오랜 풍상을 견뎌낸 홀아비는
열꽃이 피워낸 검푸른 숫기로
씻어내어도 새까맣지만 정작
사랑은 알기나 하는 것인가
숲 속에서 홀로 발기하여
하늘 구름도 비껴가고
새의 노래에도 부끄럼이 배인다
그늘 깊은 산등에서는 남몰래
발자국 하나마다 산녀를 새기며
엎어져 깨진 무릎에 피가 흘러도
쑥밭재를 향하여 산죽을 헤친다

은둔
—허공달골

세상을 버리고 싶어
물을 따라 숲 그늘 밟고 들어갔어도
발꿈치에 걸린 그림자는 뗄 수가 없다
아지랑이 봄 내에도 마구 흔들리는 내게
털어 낼 것이 또 무엇이 남았다고
햇살은 옷마저 빼앗아 갔다
깊고 푸른 골짜기에 이르른 맨몸이
물 따라 흘려보낸 흔적도 없이
깊은 골 어디까지 숨어 갔는지
가다보면 깊은 골 어름터에서
두견새 우는 마음에 홀로 젖어
숨어사는 생강나무는 이른 봄
꽃잎도 물에 흘리지 않는다

마음에 닦은 터
―어름터

이른 봄 자작나무
속잎 파릇파릇 나서 새 산을 만들 때
눈곱만큼만 산을 보고온다 떠나가더니
새들이 가고 물도 얼어붙은 물굽이에서
무엇이 좋아 떠나오지 못하고
마음에다 빈터를 닦았을까
눈곱만한 그 무엇에도 푹 빠지는 것은
가진 것 없는 몸 가벼운 탓이다
산에 부는 바람도 머리카락 날리고
흐르는 개울도 신발 적시는데
좋을 것 하나 없는 묵은 터에도
얼음은 녹아 없어지고
돌아 온 산수유가 작은 미소를 짓느니
지나는 새들 노래에 마음을 기른다

속 깊은 물
—국골

물은 가까운 듯 멀리 있고
갈증은 멀리 있는 듯 가까이서
빈 물통을 자주 흔들었다

쏟아져 흐르는 물줄기를 만나고서야
반달가슴곰 목마름이 얼마나 깊은지
오래 숨어있기 좋은 골짜기인지
물집 잡힌 발가락이 거들어 주었다

고로쇠나무를 착취하는 비닐 호스가
끝 모를 숲 속으로 이리저리 흩어지면
돌아가지 못하고 잡혀있는
키 큰 단풍나무가 하늘을 흔든다

이 골에 숨어든 신라인은
어지러운 나라를 몇 번이나 돌아보았을까
골 밖에 나가 사는 추성동 멧비둘기만
돌아드는 왕가의 길을 찾지 못했다

애장터 이슬
—국골

이 깊은 골에 애장터 한 둘이 아니다
돌무더기에 맺힌 검은 이슬은
누가 떨구고 간 아픔인지
버려진 그늘이 깊고 깊다

제삿밥도 없이
이 나무 저 바위로 떠도는 아가들의 혼백
드는 햇살도 힘에 겨운지
바람은 울음소리를 내지 않는다

버려진 애장터에 잡풀도 없고
이끼도 뿌리를 닿지 못한다
아픔은 없다 잃어버린 나라가
국골 깊은 그늘에 덮여있을 뿐

나라 버리고 유랑하다 잃은 아이들
사연은 삼늘어 있을까
은둔의 역사를 견뎌 온 가야는
차가운 돌무더기 아래 묻혀 있다

쓰다만 연애편지
─추성동

칠선골이 목교 아래로 하얗게 흐른다
산색을 싣고 속세로 내리는 물이
추성동을 읽고 간 뒤
쓰다 만 연애편지가 궁금증만 더한다
얼마나 많은 세월에 사람들은
눈치 보며 산 가까이 거처를 만들었을까
옹기종기 모여 사는 조약돌 같은 집이
구르고 굴러도 하늘아래 이승인 걸
살아 있음도 죽어 있음도
이곳에서는 다 한가지일까
빛에 겨운 멧비둘기 용쓰며 운다

*추성동에서 칠선골로 접어드는 초입에 나무다리가 걸쳐져 있었다. 지금은 콘크리트 다리가 놓여졌다.

뒷물소리
—용소

상봉에서 내린 물은 식솔도 많다
비가 세우는 추성동이 물에 떠있을 때
술 취한 매파가 부리는 수작에
용소골 뒷물소리 밤새 들려
깊은 골 처녀가 숨어 겪는 고통을
덜어줄 수 없는 총각은 잠이 없다

숨어 지낼 일 떨쳐 둔 칠선댁이
백발이 되어서도 속세로 간다
느낄 수 있다 그 회임의 세월
죽인 숨소리도 지척인양 들려 와
누이를 품에 안고 떠가는 물거품
마천 쯤 가서 시퍼렇게 돌아앉는다

똥이 넉넉한 곳
—두지동

다리를 지나 언덕을 넘자
헌 마을 하나가 사람을 기다렸다
바람벽에다 누가 써 붙였을까
「똥이 넉넉한 곳」

다래 숲 우거진 계곡을 돌아
똥을 버리러 가는 길
이 곳에서 한 숨 돌리지 않는다면
턱에 맺힌 숨이 병이 되리라

사람 떠난 여나믄 독립가옥
퇴색한 처마 끝에 산색이 매달려
넉넉한 마음을 두고 간 사람을 기억하는데
발목에 매단 똥이 무거워진 내가
두지동 깊은 골에 가라앉았다

깊은 허기
—칠선골

칠선골 깊은 골에 숨어 우는 산녀
풀어지는 물소리로 마음 씻으랴
폭포는 숲 사이로 눈썹만 내민다
누가 있어 알아들을 것인지
허리 굽은 신갈나무 쓰러져 있고
골을 물들이는 가을바람에
부끄러운 사랑도 물들일 일이다

뒤로 남기는 길이 멀어질수록
골에 든 길 허기가 깊어간다
길은 가고 오는 사람의 일
그림자도 이 땅에 남기지 말 일이다
이 골에 들면 바깥세상 안 잊을래야
안 잊힐 수 없는 일
뻐꾸기 울음에 하봉 그늘이 접힌다

[A] 우천 허만수 선생은 시리산 능산로를 개척하며 살다가 어느 날 홀연히 칠선골에서 잠적해 버린 산 사람이다. 그의 유허비가 중산리 매표소 지나 다리 건너 천왕봉을 오르는 길 초입에 서서 지리산을 찾는 이의 마음마다 묵묵히 길을 안내한다. 마음을 버리지 않고는 느낄 수 없는 숨막히는 절정의 향연이 펼쳐지는 칠선골, 천왕봉 가는 길에서 숨어 간 허만수 님을 찾아본다.

고로쇠나무
―작은새골

몸에 돋는 소름을 뽑아 발밑에 깔며
골 깊이 드는 걸음은
옮길수록 가벼워지지 않는다
깊이를 몰라 돌아 나온 골골마다
학대받는 나무가 지천이다

검은 호스가 얽혀 먼저 오르고
산거머리처럼 수액을 뽑아 가는
검은 핏줄엔 죽은 피가 흐르는지
허리 굽은 나무가 골다공증을 앓는다

끝도 모를 높이에서 무너져 내리며
원시로 가는 길목을 차단당한 채
길을 막아 선 눈 먼 바위 돌들
너덜지대 박제된 고로쇠나무들이
이끼 낀 제 팔을 뚝뚝 꺾으며 산다

*백무동 매표소에서 약 30여분 걸어 간 한신 주계곡에서 첫 번째 왼쪽으로 갈라지는 계곡이 작은새골이다. 이 말은 작은 사이 골짜기의 경상도식 줄인 말이다. 숨어있는 골짜기로 원시 미답의 골짜기이며 곳곳에 소와 담이 있고 수 없는 작은 폭포가 숨어있다. 비가 오면 갈 수 없다.

하늘 길
—큰새골

길 없는 길은 물길이다
흐르다 멈춰 선 돌길도
칠선봉에 이르기까지 물길이다
물이 남긴 흔적은 미끄럼이다
쫓기는 무릎 깨지는 아픔이다
수 없는 무명 폭포도 길의 일부다
수시로 끊어지는 길의 시작점이다
힘에 겨운 오르막 막바지에서 눈물 짜내어
길을 묻는 사람도 길이 된다
좌표 없이 흩어지는 구름도 길이다
길 없는 길은 하늘 길이다

*큰새골은 백무동 매표소에서 한신 주계곡을 타고 가다가 오른쪽에서 두 번째로 갈라지는 계곡임. 별다른 길이 없고 그냥 물 없는 계곡을 타고 오른다.

폭포에 빠지다
―한신폭포

휴식년제가 지운 발자국을 찍으러
다시 가리라 다짐하던 한신골에서
쏟아지는 비말에 정신을 잃고
길을 잃었다는 말은 거짓이 아니다

산죽 숲을 헤치고 당도한 폭포 앞에서
시퍼런 물이 부른다
등골 오싹한 한기를 느끼는 물 속에
출렁이는 누군가가 숨어 있다

눈 먼 귀와 함께 눈에서 티끌이 떨어지고
푸른 몸에 서늘한 바람이 닿아
이 골 한바탕 사는 산죽이 되느니
눈 멀고 귀 밝은 돌로 흔들리느니

한기가 몸을 적실 때에도
심장을 깊이 감춘 푸른 물처럼
눈 둘 곳을 찾지 못하고 두리번거릴 때
하늘은 마른 몸마저 가져가려 한다

숲의 눈
—천령폭포

숲 속에 사는 숲의 눈이다
숲이 어두울수록 눈이 밝다
그 눈 속으로 걸어가면
하늘 눈부신 빛이 나를 이끈다
이슬 머금고 이슬 속으로 가는
몸이 먼저 가벼워진다

물푸레나무 잎에서 물방울이 가벼워진다
몸을 비우지 않으면 떨어져 내리지 못할
그것이 하늘일까
속살 보이며 떨어지는 하늘이
폭포 아래 눈을 만들었다
눈이 밝을수록 더 큰 하늘이 산다

*천령폭포는 한신 지계곡에서 장터목으로 오르는 길에서 처음 만나는 폭포

하늘 내리는 물
― 내림폭포

소리 죽은 빛이 미끄럼을 탄다
하늘을 끌어내리며
아이들이 하얀 웃음을 남긴다
바위는 제 살을 덜어내 길을 트고
다시 살을 깎아 내리는 아이들의
맨살 엉덩이를 토닥거려 준다
그것도 모르는 하늘은
바위를 타고 내리는 일이 마냥 즐겁다
억겁에 지치지 않는 아이들은
내리막길 삶도 눈이 부시다

* 내림폭포는 한신 지계곡의 오르막에서 장군대 못 미쳐 있는 와폭. 미끄럼틀을 내려오는 아이들의 하얀 웃음을 닮았다.

늙은 솔
―와운동

굽은 지팡이를 내던지고 들어 간 노인이
와운골 안개를 휘젓는다
아침에 앞산 그림자가 낮아지면
뒷산 이마가 밝아온다
저녁에 눈 시린 반야봉
낮은 구름이 뱀사골을 숨길 때
산도 종잡을 수 없는 꼿꼿한 시간에
나무바다가 출렁인다

어디서 왔는지
어디로 갈 것인지
노인은
깊은 치매에 들어 깨나지 않는다

*와운동은 뱀사골 계곡을 오르다가 왼쪽으로 갈라지는 큰 계곡으로 들어선 마을로 그곳에는 천년 이상 된 거대한 노송이 두 그루 서있다.

산골 봄
―문수골

문씨 집 머슴 바우가 질등에 올라타서
굽이치는 등성이에 오줌을 누었다
오줌방울 떨어진 자리마다 원추리가 피어
바람 불 때마다 끄덕거리는 노란 욕정
밤꽃 내 짙은 문수골이 흥건히 젖었다

*문수골은 하동에서 토지면 소재지를 지나 오른쪽으로 들어간 계곡으로 왕시루봉이나 질매재로 오르는 길이 나있다.
*문바우등은 왕시리봉 능선에 있는 봉우리로 질매재 아래쪽에 있다
*질등은 능선의 질매재 아래쪽에 있는 봉우리

낡은 이정표
—질매재

낡은 이정표 하나
풀숲에 서서도 풀이 되지 못한다
밤재에서 쫓겨 온 빨치산 남정네가
갈참나무 시든 잎으로 말은
담배 한 모금 빨고 갔을 자리다

피아골로 갈까 왕시리봉으로 갈까
노고단으로 갈까 문수골로 갈까
길은 많아도 그때처럼
가슴이 막혀있었다

쫓기는 망설임이 목마름을 부르고
누구나 쉬어가게 마련인 갈림길에서
눈 없는 물이 앞서 갈라설 때
저도 밤새 통음했는지
통꼭봉 두견새가 목이 쉬어 남았다

*질매재는 왕시루봉 능선에 있으며 문수리에서 피아골로 넘어 가는 재

□ 남는 말/ 나는 지리산을 간다

 외로우면 지리산을 간다. 25년을 넘게 지리산을 다녔지만 아직도 모른다. 오늘도 배낭을 꾸리는 이유다. 지리산은 영원한 신앙처럼 높은 곳에 머물러 있다. 내가 만난 지리산의 아주 작은, 털끝만치도 잘 모르는 그것을 어눌한 말로 꾸며낸다는 것은 고통이다. 이 짝사랑이 언제 끝날지 모른다. 삶의 한가운데에서 나는 지리산을 간다.

 지리산은 눈물이다. 지리산을 생각하면 어쩐지 비감해 진다. 지리산은 아픔을 바탕으로 한 신화를 간직하고 있다. 도피와 동족상잔의 무대로써 그 산이 가진 숙명 때문에 산에 들어도 아픔과 슬픔으로 목이 메인다. 벽소령에서 휘엉청 솟은 달을 보면 슬픔의 절정을 보는 것 같다.

 지리산이 오염과 훼손으로 무너지고 있다. 짐승 같은 사람들로 오염되고 그들이 배설한 쓰레기와 소리들로 오염되고 그것들은 산의 파괴로 이어진다. 후손들에게 빌려 쓰고 있는 산을 저희들이 주인인양 개발이라는 명목으로 마구 파헤치고 있다.

산중에 댐을 건설하고, 산록에 도로를 개설하고, 심지어 케이블카를 놓는 계획까지 있다지 않는가. 몇 겹을 그리해 있는 산을 사람들이 뜯어고친다면 기후가 바뀌고 생태계가 변화되어 결국 인간도 추방당하고 말 것이 뻔한데 나는 이런 것에 분노를 느끼며 아름다운 지리산을 영원히 간직하고 싶다. 그래서 나는 지리산을 간다.

 이 시편들은 절반도 못 간 지리산을 위해 남겨둔 여백의 시작점이다. 그 나머지 시편들이 언제 보여 질 지는 다시 지리산을 가봐야겠다. 그리고 지리산을 사랑하는 사람들이 지리산을 지킬 수 있다는 믿음을 행간에 담아 본다. 그러기에 신앙처럼 나는 지리산을 간다.

2005. 강 영 환

한 평생 온 가족 건강을 위하여

백발 예방과 치료법

완벽한 그림 해설! 이론과 실천 요령 총망라!

현대 건강 연구회 편

太乙出版社

❋ 한평생 온 가족 건강을 위하여

백발 예방과 치료법

현대건강연구회 편

太乙出版社